Weitere Informationen zum Kinder- und Jugendbuchprogramm
von Fischer Sauerländer auf *www.fischer-sauerlaender.de*

Erschienen bei Fischer Sauerländer

Die englische Originalausgabe erschien 2014 unter dem Titel ›My Baby Book –
Based on Guess How Much I Love You‹ bei Walker Books Ltd., London.
Published by arrangement with Walker Books Ltd., 87 Vauxhall Walk, GB-London SE11 5HJ.
›Guess How Much I Love You‹ ™ is a trademark of Walker Books Ltd., London.

FSC www.fsc.org MIX Papier | Fördert gute Waldnutzung FSC® C144853

6. Auflage 2025

Für die deutschsprachige Ausgabe:

Umschlaggestaltung: Norbert Blommel, MT-Vreden, unter Verwendung einer Illustration von Anita Jeram
Satz: MT-Vreden
Printed in China
ISBN 978-3-7373-5198-0

Kontaktadresse nach EU-Produktsicherheitsverordnung: *produktsicherheit@fischer-sauerlaender.de*

Mein Baby Album

mit Bildern von Anita Jeram

nach der Geschichte

Weißt du eigentlich, wie lieb ich dich hab?

geschrieben von Sam McBratney

Aus dem Englischen von Cordula Borawski

FISCHER SAUERLÄNDER

MEINE FAMILIE

»Ich sehe was, das gehört zu mir,
und es ist nicht mein Schatten.«

WARTEN AUF MICH

Hier ist ein Ultraschallbild von mir, bevor ich auf die Welt kam.

In diesem Monat merkten meine Eltern, dass ich unterwegs bin

____

Das waren ihre Gedanken ______________________________

____

Mamas Ärztin oder Arzt hieß ___________________________

Mama dachte, ich werde ein Mädchen ☐ Junge ☐

Papa dachte, ich werde ein Mädchen ☐ Junge ☐

Diese Namen hatten Mama und Papa für mich überlegt, wenn ich ein Mädchen geworden wäre: ______________________

____

Und diese für einen Jungen: ______________________

____

Am Ende haben sie ausgesucht

____

____

weil ______________________

____

____

So sah meine Mama aus, als ich noch in ihrem Bauch war.

Als sie mich erwartete, war Mamas Lieblingsessen

Das schmeckte ihr gar nicht

So haben sich meine Eltern auf mich vorbereitet

Meinen Herzschlag hörten sie das erste Mal am ______________

So haben sie sich dabei gefühlt ______________

Das erste Mal hat meine Mama meine Bewegung gespürt am ______

Es fühlte sich an wie ______________

Mein Geburtstermin sollte sein am ______________

Der kleine Hase überlegte sich,
ob denn wohl aus allem immer
etwas anderes wurde?

MEINE GEBURT

Endlich – da bin ich! Mein Geburtsdatum war am ____________,
und das ist jetzt mein Geburtstag!

Ich wurde geboren in ____

Ich kam am Tag ☐ in der Nacht ☐

Die Uhrzeit war ____

Das allererste Foto von mir!

So schwer war ich ________________

So groß war ich ________________

Meine Augenfarbe war

____

Meine Haarfarbe war

____

»Es ist klein … es ist braun …
ich hab es am allermeisten lieb …
und es kann hüpfen.«

Meine Eltern fanden,
ich sähe aus wie

Andere sagten, ich sähe aus wie

Ratet mal, was ich denke,
wie ich aussehe …

»Wie ICH!«

GANZ AM ANFANG

Endlich nach Hause fuhren wir mit ______________________

»Wir sind da! Zu Hause ist
mein Lieblingsplatz.«

Mein erstes Zuhause war ______________________

In meiner ersten Nacht daheim schlief ich ______________________

So sah mein Babyzimmer aus

Das waren die ersten Geschenke für mich

Hier sind Grüße von meinen ersten Besuchern

MEINE ERINNERUNGSSCHÄTZE

Hier kannst du wichtige Andenken wie Zeitungsausschnitte, Namenskettchen oder die Geburtsanzeige sicher aufbewahren.

SEHT HER, MEINE FÜSSE

»Bis zu
meinen Zehen hoch
hab ich dich lieb!«

BABY-BADEZEIT

Zum ersten Mal gebadet habe ich ______________________

Mein liebstes Spielzeug zum Planschen war ______________________

____

Hier bin ich in der Badewanne!

SO VIEL IST AUF DER WELT PASSIERT

Bis zum Fluss
und über die Berge …

Schaut mal, was es alles Neues gab

Unser Staatsoberhaupt war

Andere Staatsoberhäupter
der Welt waren

So sah die Mode aus

Das waren die Hits im Radio

Die berühmtesten Filmstars waren

Die größten Sportler waren

Eine Zeitung kostete ________, eine Kinokarte ________

und ein Liter Milch ________

Das ist eine besonders schöne

Briefmarke aus meinem Geburtsjahr

ALLES ZUM ERSTEN MAL

Das erste Mal die ganze Nacht durchgeschlafen habe ich, als ich __________ alt war.

Der große Hase legte den kleinen Hasen in sein Blätterbett, beugte sich über ihn und gab ihm einen Gutenachtkuss.

Mein allererstes Lächeln war mit ______________ Monaten.

Da lächelte der kleine Hase
und lächelte.

Meine Hände habe ich entdeckt mit ______________ Monaten.

Zuerst nach etwas gegriffen habe ich, als ich __________ alt war.

Meine Füße entdeckte ich mit ______________ Monaten.

Das erste Mal in die Hände geklatscht habe ich mit ___ Monaten.

Zum ersten Mal gewinkt habe ich, als ich __________ alt war.

VOM ESSEN UND TRINKEN

Mein erster Zahn kam durch am ______________________

Mein zweiter Zahn kam am ______________________

Mein dritter Zahn kam am ______________________

Mein vierter Zahn kam am ______________________

Das erste richtige Essen, das ich probiert habe, war ____________

Das erste Mal aus einem Becher getrunken habe ich mit __ Monaten.
Zum ersten Mal mit einem Löffel gegessen habe ich,
als ich ____________ alt war.

Am liebsten mochte ich

Das hat mir gar nicht geschmeckt

... auf dem
Wolken-Berg gab
es leckere Kräuter
zu naschen.

SCHRITT FÜR SCHRITT

Den Kopf allein hochgehalten
habe ich mit _____ Monaten.

Mich das erste Mal von selbst umgedreht
habe ich, als ich __________ alt war.

Ich konnte allein sitzen mit _____ Monaten.

Gekrabbelt bin ich mit _____ Monaten.

Mich von allein hinzustellen habe
ich geschafft mit ________ Monaten.

Ganz allein stehen konnte ich,
als ich ____________ alt war.

Endlich! Meine ersten Schritte
habe ich mit _______ Monaten gemacht.

Tolle Hüpferung, dachte der kleine Hase.
Wenn ich nur auch so hüpfen könnte.

WORT FÜR WORT

Das war mein erstes Wort ______

So habe ich meine Eltern genannt ______

______

Mehr neue Wörter ______

______

______

______

Meine Lieblingskrabbelverse waren ______

______

Das habe ich am liebsten gesungen ______

______

______

Der kleine Hase wollte nämlich ganz sicher sein, dass der große Hase ihm auch gut zuhörte.

ZEIT ZUM SPIELEN

Meine besten Freunde

Damit habe ich richtig gern gespielt

Meine Lieblingsspiele für draußen

Meine Gutenachtgeschichten

Sie jagten hinter den wirbelnden Blättern her, bis der große Hase aus der Puste war.

SO VIEL ZU FEIERN

Unsere Familienfeste

und Feiertage

Meine Geschenke

Noch mehr Überraschungen

DIE WELT ENTDECKEN

Das erste Mal schwimmen war ich mit ______________ Monaten.

Mein erster Ausflug zum Spielplatz war am ____________________
als ich ________________________ alt war.

Meine ersten Schuhe bekam ich am ______________________

als ich ____________________ alt war.

Sie waren ____

Meine Haare wurden zum ersten Mal geschnitten, als ich ______

____________ alt war. Das war am ____________________

Platz für eine Locke von meinem Haar

EINE GANZ BUNTE WELT

Da hatte der kleine Hase
eine tolle Idee.

Meine ersten Versuche mit Malstiften

BEULEN UND BLAUE FLECKE

Meine ersten Kinderkrankheiten waren

Mein Kinderarzt hieß

Meine Medizin

Dagegen bin ich geimpft worden

Da bin ich schlimm hingefallen

Da habe ich mich doll gestoßen

WIR GEHEN AUF DIE REISE

Wir sind zum ersten Mal alle zusammen in die Ferien gefahren,
als ich ____________________ alt war.

Unsere Abenteuer ____

____

____

____

____

»Oh, das ist weit«, sagte der braune Hase. »Das ist sehr, sehr weit.«

Schaut, da sind wir im Urlaub

SCHON SO GROSS

Hier bin ich mit drei Monaten,

»Und was wird aus einem kleinen Hasen wie mir?«
»Ein großer Hase – wie ich!«

sechs Monaten

und neun Monaten.

JETZT BIN ICH EINS!

Alle meine Gäste

Mein Geburtstagskuchen

Geschenke für mich

Hier bin ich, schon ein Jahr alt!

BIN SCHON ZWEI!!

Hier bin ich mit genau zwei Jahren!

Meine Geburtstagsgeschenke ______________________________

____

Diese Lieder haben wir zusammen gesungen ________________

Und gespielt haben wir ____________________________

»Das war vielleicht ein Abenteuer!«

IMMER GRÖSSER

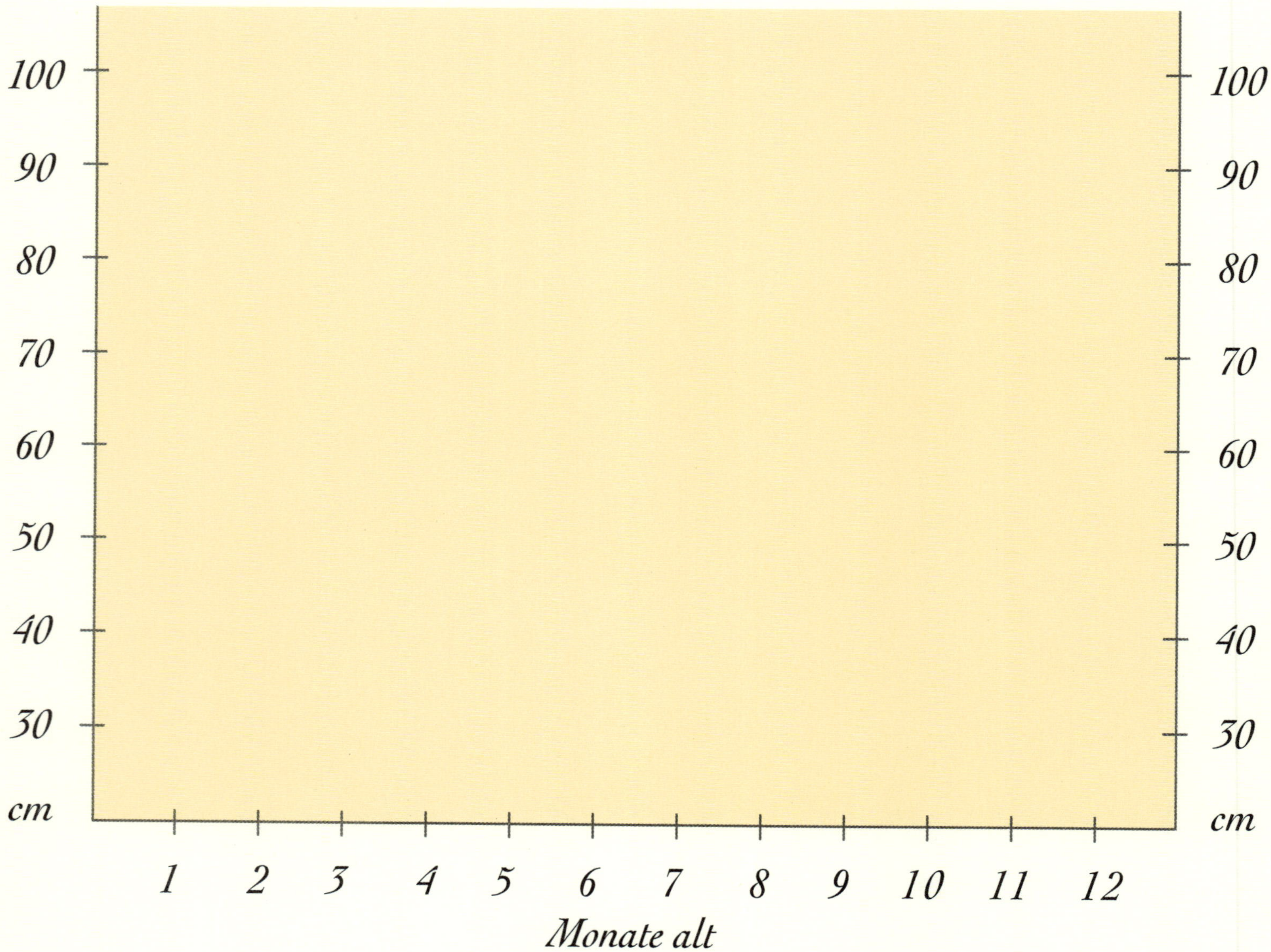

Der große Hase war immer an seiner Seite.

FÜR IMMER ERINNERN

»Und wo du bist, mein Kleiner«, flüsterte der große Hase,
»ist der beste Platz auf der ganzen Welt.«